SCHOLASTIC **explora tu mundo**™

Mi cuerpo

Andrea Pinnington
Penny Lamprell

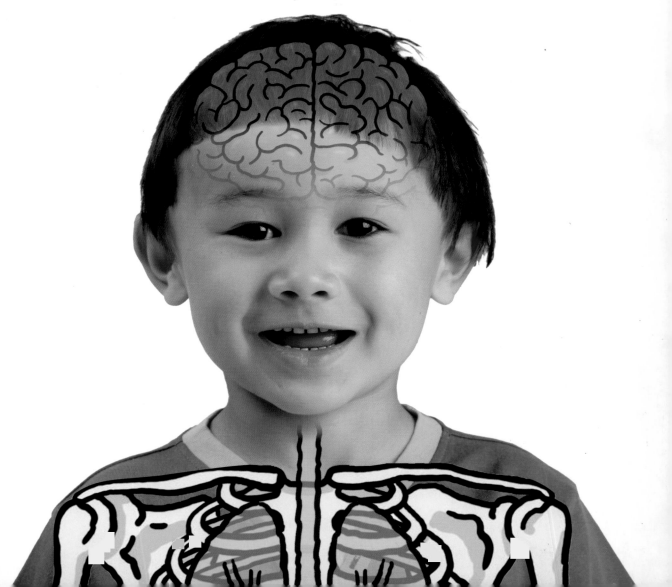

Explora un poco más

Mi cuerpo está diseñado para ayudarte a conocer más sobre tu increíble cuerpo.

Cada tema importante se presenta en letras grandes y con fotos.

El texto en letra pequeña explica las fotos para que entiendas mejor lo que ves.

Se muestra lo que ocurre en detalle con secuencias de fotos.

En el glosario se explican las palabras; el índice nos muestra dónde aparecen.

Libro digital complementario

Descarga gratis el libro digital **Mi cuerpo es así** en el sitio de Internet en inglés:

www.scholastic.com/ discovermore

Escribe este código
RMRMH6HCG247

Divertidas actividades

Más palabras sobre el cuerpo

2

Contenido

Literacy Consultant: Barbara Russ, 21st Century Community Learning Center Director for Winooski (Vermont) School District

Human Anatomy Consultant: Richard Walker, BSc, PhD

Originally published in English as *Scholastic Discover More™: My Body*

Copyright © 2012 by Scholastic Inc.

Translation copyright © 2012 by Scholastic Inc.

Library of Congress Cataloging-in-Publication Data Available

ISBN 978-0-545-45885-6

10 9 8 7 6 5 4 3 2 1   12 13 14 15 16

Printed in Singapore 46

First Spanish edition, September 2012

Scholastic hace esfuerzos constantes por reducir el impacto ecológico de nuestros procesos de manufactura. Para ver nuestras normas para la obtención de papel, visite www.scholastic.com/paperpolicy.

Por fuera

Tu cuerpo es maravilloso. ¿Puedes nombrar sus partes?

mano

cabeza

ojo

brazo

oreja

nariz

boca

dedo

pulgar

Nadie es igual que tú, a no ser que tengas un hermano (o hermana) gemelo.

rodilla

pierna

dedo

pie

Por dentro

Estas partes de tu cuerpo no se ven porque están bajo la piel.

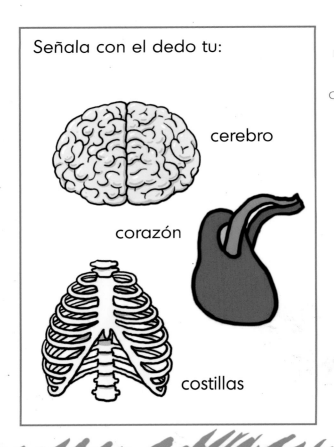

Señala con el dedo tu:

cerebro

corazón

costillas

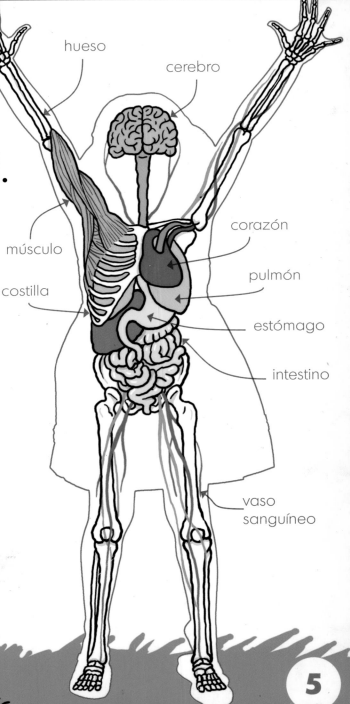

hueso

cerebro

corazón

músculo

pulmón

costilla

estómago

intestino

vaso sanguíneo

El pelo

Sobre casi todo tu cuerpo hay pelo. El pelo te protege del frío.

¿De qué color es tu pelo?

El pelo no está vivo. Por eso no duele cuando lo cortan.

El pelo de la cabeza crece unas 6 pulgadas (15 cm) al año.

La piel

La piel protege el interior de tu cuerpo y mantiene su temperatura.

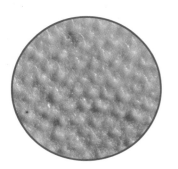

Cuando se te pone la piel de gallina, los pelos se alzan para atrapar el calor y calentarte.

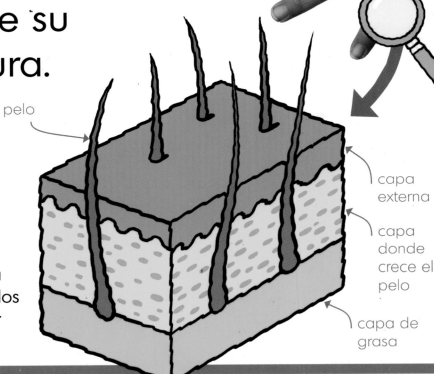

pelo

capa externa

capa donde crece el pelo

capa de grasa

La piel se arruga a medida que envejecemos.

18 meses

14 años

60 años

Los huesos

Los huesos protegen y mantienen unidas las partes del cuerpo y nos permiten caminar.

El esqueleto es el conjunto de todos los huesos.

costilla

columna vertebral

cráneo

húmero

falanges

8

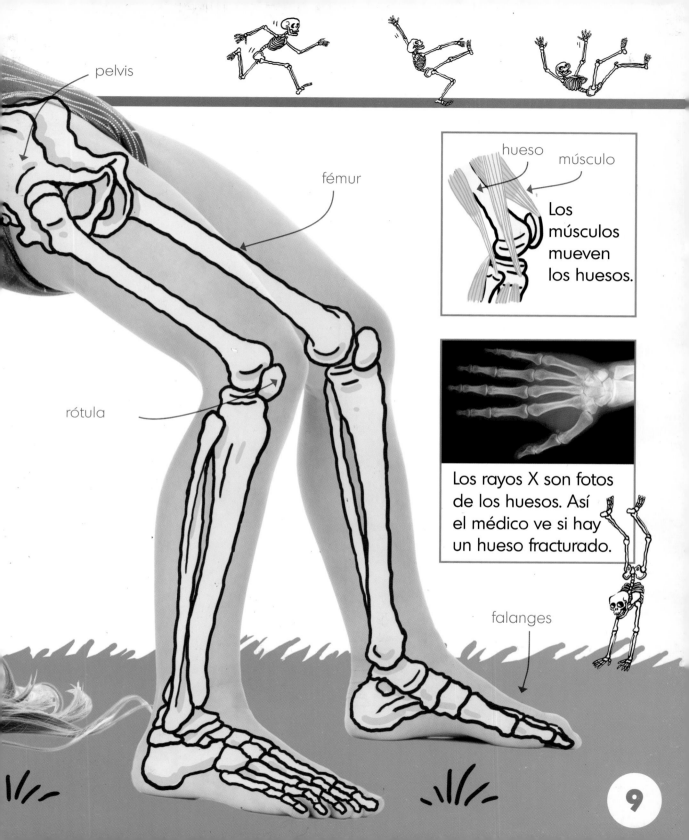

pelvis

fémur

rótula

hueso

músculo

Los músculos mueven los huesos.

Los rayos X son fotos de los huesos. Así el médico ve si hay un hueso fracturado.

falanges

¿Quién manda?

El cerebro controla lo que pensamos, sentimos y hacemos. Recibe y envía mensajes a todo el cuerpo.

Tu cerebro trabaja aun cuando estás durmiendo.

Controla acciones en las que no piensas, como respirar.

El cerebro controla tus pensamientos y movimientos.

Crea recuerdos de cosas como los lugares donde has vivido.

cerebro

Entrena tu cerebro

Observa las ilustraciones por un minuto y cierra el libro. ¿Cuántas puede recordar tu cerebro?

sombrero de mago

limón

cuerda

esqueleto

pingüino

globo

araña

magdalena

gafas

flor

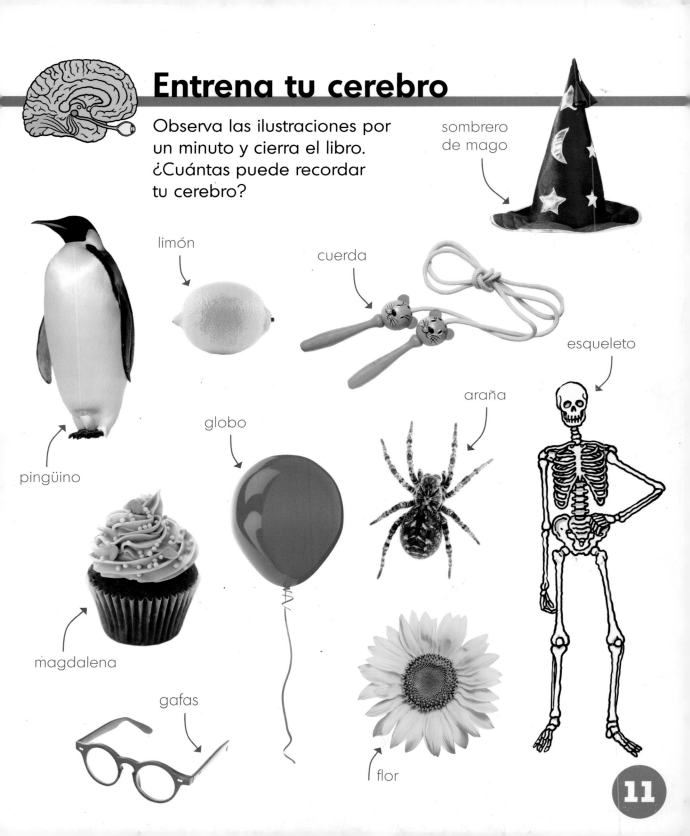

Respirar

Respiras el aire para obtener el oxígeno que tu cuerpo necesita.

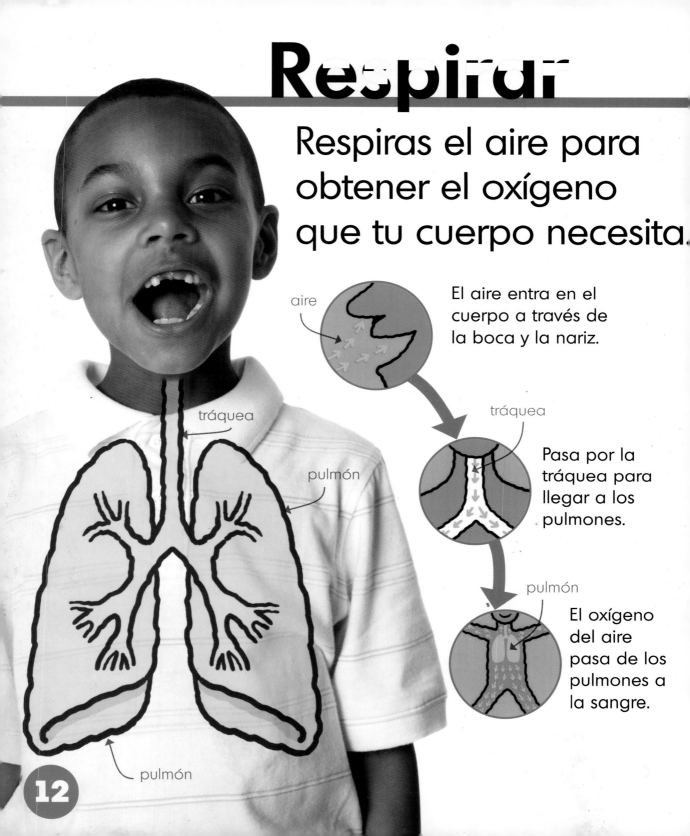

aire

El aire entra en el cuerpo a través de la boca y la nariz.

tráquea

Pasa por la tráquea para llegar a los pulmones.

pulmón

El oxígeno del aire pasa de los pulmones a la sangre.

tráquea

pulmón

pulmón

Respira ante un espejo. El espejo se nubla porque el aire que expulsas es cálido y húmedo.

Al expulsar el aire, eliminamos los desechos que nuestro cuerpo no necesita.

13

Sangre

El oxígeno pasa de los pulmones a la sangre. El corazón bombea la sangre a todo el cuerpo.

¿Sientes el pulso en tu muñeca? Es el corazón, que bombea la sangre a todo el cuerpo.

La sangre va por las arterias hasta donde tu cuerpo la necesita.

Las venas llevan la sangre de regreso al corazón y los pulmones.

corazón

pulmón

pulmón

14

¿Qué sucede cuando haces ejercicios?

1 Los músculos halan los huesos para mover tu cuerpo.

2 Los músculos usan oxígeno para moverse.

3 Los músculos necesitan más oxígeno. Por eso respiras más rápido, para llevar más oxígeno a tus pulmones.

4 El corazón late con más fuerza para llevar el oxígeno que está en la sangre a tus músculos.

15

Los sentidos

Tus sentidos te ayudan a conocer el mundo que te rodea.

El oído
¿Qué oyes en este momento?

La vista
¿Qué ves en este momento?

El tacto
¿Cómo se sienten esos guantes?

El gusto
¿Cuál es tu sabor preferido?

El olfato
¿Cuál es el peor olor que recuerdas?

El oído

La oreja lleva los sonidos hacia el oído.

El oído envía la información del sonido al cerebro.

Tus oídos te permiten oír los sonidos y te ayudan a mantener el equilibrio.

17

La vista

Los ojos envían
mensajes al
cerebro sobre
lo que ven.

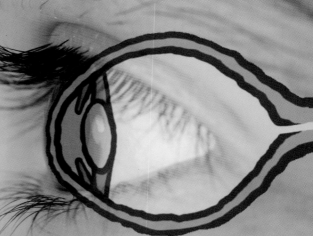

La luz entra al
ojo. En el ojo
se forma una
imagen de
lo que ves.

Las gafas se usan
para ver mejor.

El ojo envía esa imagen
como mensaje al cerebro.

¿Qué puedes ver?

A veces el cerebro no
puede procesar
lo que vemos. ¿Ves
un conejo o un
pato en el dibujo?

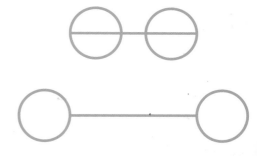

Observa las líneas rectas.
¿Qué línea es más larga?

El tacto

Tocas cosas con tu piel para saber qué textura tienen.

Las personas que no ven leen tocando una serie de puntos llamados "sistema Braille".

Los nervios que hay bajo la piel envían información al cerebro sobre lo que tocas.

¿Qué sientes al tocar estas cosas?

¿Duro o suave?

¿Espinoso o liso?

19

El gusto

La lengua está llena de bultitos diminutos. Esos bultitos captan el sabor de las comidas.

Mira tu lengua en el espejo. ¿Ves los bultitos?

Los bultitos que hay en la lengua se llaman papilas gustatorias.

Estos son algunos de los sabores que la lengua puede sentir.

agrio

dulce

salado

amargo

El olfato

Olemos con la nariz. Oler la comida nos ayuda a sentir su sabor.

El olor viaja por el aire y entra en tu nariz.

Los pelos que hay dentro de la nariz atrapan los olores que hay en el aire.

Los nervios llevan al cerebro información sobre lo que hueles.

Es difícil sentir los olores cuando tienes la nariz tupida.

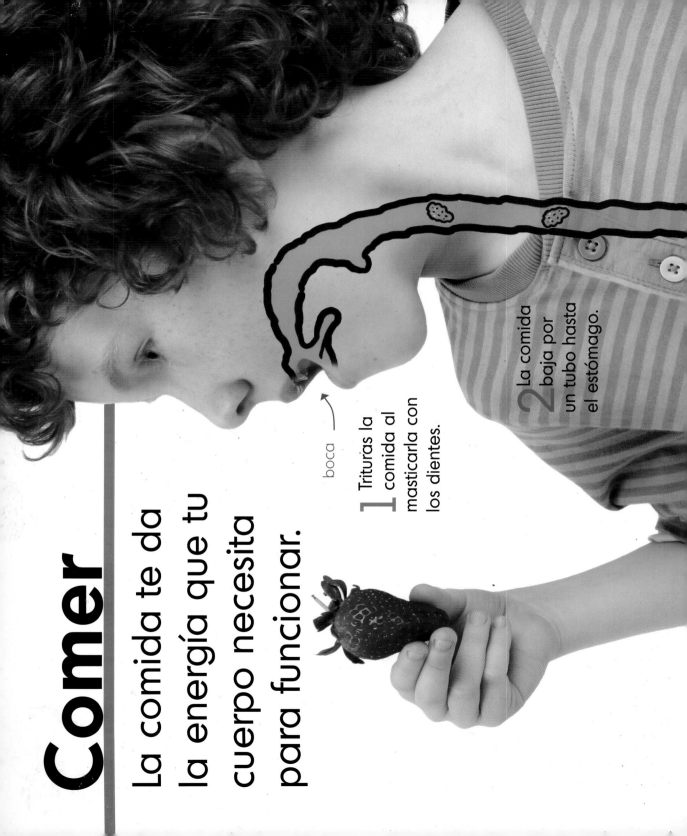

Comer

La comida te da
la energía que tu
cuerpo necesita
para funcionar.

boca

1 Trituras la
comida al
masticarla con
los dientes.

2 La comida
baja por
un tubo hasta
el estómago.

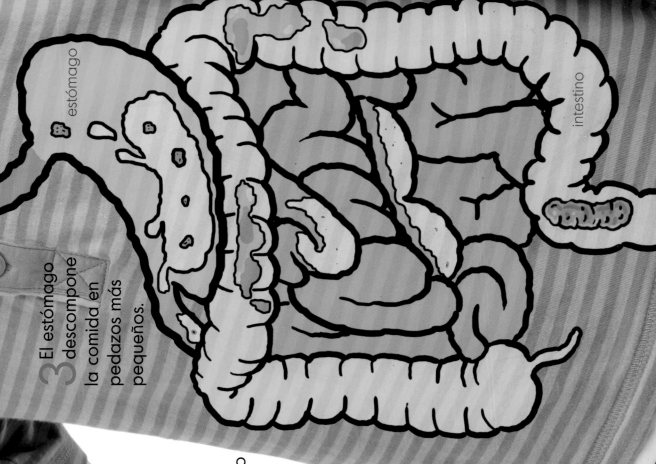

estómago

intestino

3 El estómago descompone la comida en pedazos más pequeños.

4 Estos pedazos pasan a un largo tubo llamado intestino.

5 Diminutos pedazos de alimento pasan a la sangre y te dan energía.

6 La parte de la comida que no necesitas sale del cuerpo como desecho.

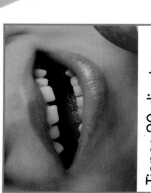

Tienes 20 dientes temporales. Al caerse, te saldrán 32 dientes permanentes.

La buena salud

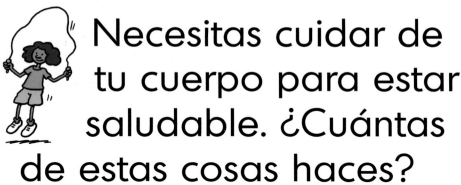

Necesitas cuidar de tu cuerpo para estar saludable. ¿Cuántas de estas cosas haces?

¿Comes alimentos saludables?

¿Haces bastante ejercicio?

¿Tomas suficiente agua?

¿Duermes bastante?

24

Tu cuerpo necesita:

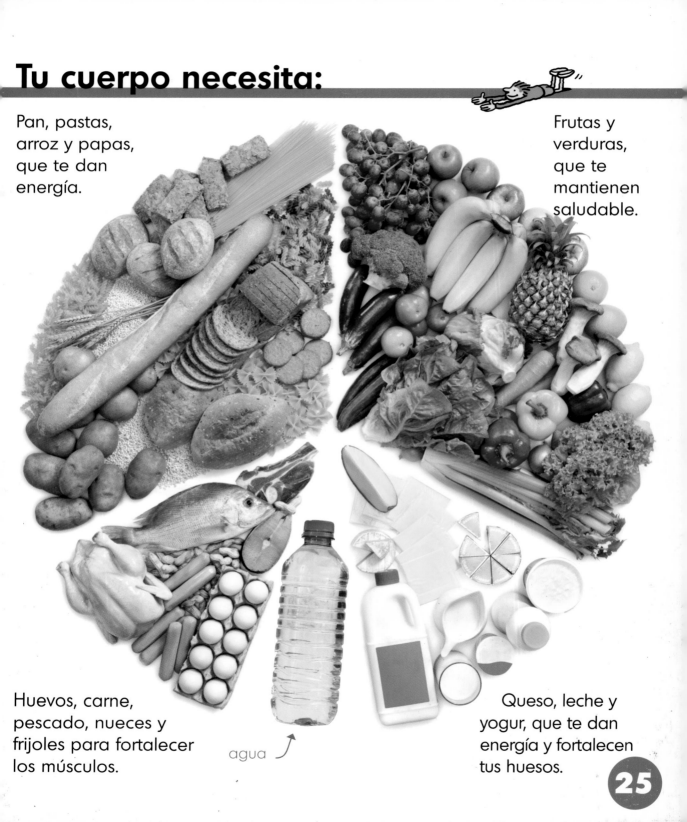

Pan, pastas, arroz y papas, que te dan energía.

Frutas y verduras, que te mantienen saludable.

Huevos, carne, pescado, nueces y frijoles para fortalecer los músculos.

agua

Queso, leche y yogur, que te dan energía y fortalecen tus huesos.

El bebé crece dentro del cuerpo de la mujer hasta que está listo para nacer.

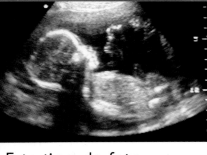

Este tipo de foto, llamada ultrasonido, nos permite ver al bebé antes de nacer.

El crecimiento

El cuerpo cambia constantemente. Demora 18 años en llegar a adulto.

0–12 meses
De bebito, no podías hacer casi nada.

1–4 años
Comienzas a caminar y a hablar. Aprendes constantemente.

5–12 años
Se te caen los dientes temporales. Vas a la escuela.

13–18 años
Creces mucho. Pronto serás un adulto.

Curarse

Tu cuerpo sabe si algo anda mal y trata de curarse.

Es bueno usar vendas cuando te haces un rasguño o una herida.

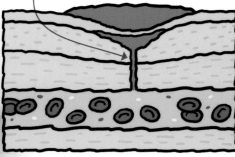

herida

postilla

El cuerpo se da cuenta cuando te hieres. Forma una postilla con sangre para tapar la herida.

Si no te sientes bien, puedes tomar algún medicamento.

Si no te mejoras pronto, es bueno ir al médico.

Cuando uno se rompe un hueso, debe ir al hospital a curarse.

A veces las personas se deben quedar varios días en el hospital para curarse.

Glosario

Arteria
Tubo que lleva la sangre con oxígeno del corazón al resto del cuerpo.

Energía
La fuerza que necesitas para hacer algo.

Esqueleto
Estructura que da forma y sostiene el cuerpo.

Falange
Huesos de los dedos.

Fémur
Hueso de la pierna. Va de la pelvis a la rodilla.

Hospital
Lugar donde se curan los enfermos y heridos.

Hueso
Una de las partes duras del esqueleto.

Húmero
Hueso del brazo que va del hombro al codo.

Medicina
Lo que tomas para mejorarte si estás enfermo.

Músculo
Parte interior del cuerpo que hala los huesos para moverlos. Los músculos trabajan en pares.

Nervio
Fibra del interior del cuerpo que envía mensajes al cerebro y desde el cerebro.

Oxígeno
Gas que obtenemos al respirar el aire y que el cuerpo usa para producir energía.

Papila gustatoria
Cada uno de los pequeños abultamientos de la lengua con los que sentimos los sabores.

Piel de gallina
Bultitos que se forman en la piel cuando tienes frío o miedo.

Postilla
Costra que se forma sobre una herida.

Pulso
Velocidad a la que late el corazón.

Rayos X
Técnica que permite fotografiar los huesos.

Sangre
Sistema de transporte del cuerpo. Lleva el oxígeno a las células y recoge los desechos de las células.

Sentidos
Lo que usas para percibir el mundo que te rodea. Tenemos cinco sentidos: oído, vista, tacto, gusto y olfato.

Ultrasonido
Técnica que permite fotografiar el interior del cuerpo.

Vena
Tubo que lleva la sangre a los pulmones desde otras partes del cuerpo.

Índice

Agradecimientos

Ilustrador: Ellis Nadler
Directora de arte: Bryn Walls
Diseñadora: Penny Lamprell
Editora general: Miranda Smith
Editora en EE.UU.: Beth Sutinis
Editores en español: María Domínguez, J.P. Lombana
Diseñadora de la cubierta: Natalie Godwin
DTP: John Goldsmid
Investigación fotográfica: Alan Gottlieb, Dwayne Howard
Director ejecutivo de fotografía, Scholastic: Steve Diamond
Fotógrafo: Paul Close
Modelos: Adam, Charlie, Dashiel, Edith, Fidel, Grace, Jack, Jasmine, Laura, Noah y Yasmin
Modelo de la cubierta: Ruby Gawe

Créditos fotográficos
Todas las fotografías son de Paul Close excepto las siguientes: 4tl: Steve Shott/Getty Images; 4bl, 4r: iStockphoto; 6mr: Jose Luis Pelaez, Inc./Blend Images/Corbis; 7tr: iStockphoto; 7ml: Tyler Olsen/Shutterstock; 7bl, 7bm: iStockphoto; 7br: simpleman/Shutterstock; 8–9, 9br: iStockphoto; 11 (sombrero de mago): Chamille White/Shutterstock; 11 (cuerda de saltar): ryby/Shutterstock; 11 (limón): valzan/Shutterstock; 11 (pingüino): Jan Martin Will/Shutterstock; 11 (magdalena): Ruth Black/Shutterstock; 11 (globo): zooropa/Shutterstock; 11 (araña): Sergey Goruppa/Shutterstock; 11 (gafas): Anna Hoychuk/Shutterstock; 11 (flor):

Tischenko Irina/Shutterstock; 12, 13: iStockphoto; 18ml: LWA/Jay Newman/Media Bakery; 19ml: Alsu/Shutterstock; 19r: Voronin76/Shutterstock; 19bl: Media Bakery; 19bc: Alekcey/Shutterstock; 19br: italianestro/Shutterstock; 20 (agrio): Aleksandr Bryliaev/Shutterstock; 20 (dulce): Aaron Amat/Shutterstock; 20 (salado): Roxana Bashyrova/Shutterstock; 20 (amargo): alejandro dans neergaard/Shutterstock; 21 (naranja): Valentyn Volkov/Shutterstock; 25 (agua): thumb/Shutterstock; 25 (comida): ifong/Shutterstock; 26bl: Chad Ehlers-Stock Connection/Science Faction/Corbis; 26c: iStockphoto; 27r: Photodisc/Getty Images; 27l, 27ml, 27mr: iStockphoto; 28l: Jaimie Duplass/Shutterstock; 28r: Michael Hitoshi/Getty Images; 29t: iStockphoto; 29c: George Doyle/Getty Images.

Créditos de cubierta
Portada tr: iStockphoto; c (jovencita): Gary Ombler. Back tl, tc: iStockphoto; tr: Stockbyte/Getty Images.